J'ai tellement à te dire…

Léa Lacroix

Première édition 2023.

Avant-propos

Cher lecteur, chère lectrice,

Vous tenez entre vos mains un recueil écrit dans la douleur de la déchirure amoureuse qui s'adresse à toutes celles et ceux qui ont connu cette souffrance, cette douleur qui vous prend au ventre, cette tristesse qui vous envahit peu à peu, jusqu'à vous engloutir tout entier.

Dans ces pages je raconte mon histoire, ou plutôt mon parcours à travers les méandres de l'amour déchu. J'y relate les signes avant-coureurs qui m'ont conduit à subir la déchirure ainsi que les douleurs de la trahison, de l'abandon et de la solitude. Mais je ne m'y arrête pas ; car ce livre n'est pas seulement un cri de douleur, c'est aussi un appel à la résilience, à la renaissance et à l'espoir.

Je crois que la déchirure amoureuse est une expérience universelle qui touche chacun d'entre nous, à un moment ou à un autre de notre vie. Et pourtant elle est souvent taboue, cachée, honteuse. Nous avons peur d'en parler, de montrer notre faiblesse, notre vulnérabilité. Mais je suis convaincue que c'est en parlant, en partageant nos histoires, que nous pouvons guérir, grandir et avancer.

Ce livre est donc un témoignage de mon expérience, mais c'est aussi un appel à la communauté. Je voudrais que ces mots résonnent en vous, qu'ils vous rappellent que vous n'êtes pas seuls dans votre douleur, qu'il y a des milliers d'autres personnes qui ont connu la même chose, et qui ont su s'en relever. Car oui, la déchirure amoureuse est une blessure, mais elle peut aussi être une occasion de se réinventer, de se redécouvrir et de s'aimer soi-même plus fort.

Je vous invite donc à tourner ces pages avec compassion, bienveillance et ouverture. Je vous invite à écouter ces mots comme on écoute une vieille amie qui a besoin de parler, qui a besoin d'être entendue. Je vous invite à trouver dans ces pages un peu de réconfort, un peu d'espoir, un peu de lumière.

Avec toute ma gratitude,

Léa

Thème 1

Les signes avant-coureurs d'une déchirure amoureuse

Tel un navire qui sombre lentement sous les flots,
notre amour s'est échoué sur les rochers de la déchirure.
Un amour qui fut si beau, si vibrant, s'est transformé
en ***un amour de regrets*** et de douleurs.
Oh, comme je voudrais pouvoir revenir en arrière,
avant ***que*** les signes avant-coureurs de ***notre rupture***
ne se manifestent, avant que
notre destin ne ***soit scellé.***

Le premier signe fut ton absence, ***mon amour.***

Ta présence autrefois si constante, si chaleureuse,

s'est ***peu à peu effacée.*** Tu ne répondais plus

à mes appels, à mes messages.

Tu étais là sans être vraiment là,

comme si tu avais déjà commencé

à te retirer de notre relation.

Hélas, je n'ai compris que trop tard

que c'était le signe d'un amour

en train de s'étioler.

Le deuxième signe fut ta colère, ***ma tendre moitié.***

Tu t'énervais sans raison, tu te montrais ***irritable***

et même ***violent*** sans cesse.

Tu semblais ***en proie*** à une agitation intérieure

qui te dévorait, sans que je ne puisse y remédier.

Aurais-je dû être plus

compréhensive, plus patiente ?

Est-ce mon manque de voyance

qui nous a ***mené à la déchirure*** ?

Le troisième signe fut ta distance, ***mon amour perdu.***

Ta froideur, ton indifférence, ton silence,

tout cela s'est abattu sur moi comme une tempête.

Tu ne me touchais plus, tu ne me regardais plus,

tu ne me parlais plus.

Tu étais ***comme un étranger*** dans notre maison,

et je ne pouvais que me demander

ce que j'avais fait de mal.

Hélas, ***je n'ai pas su*** trouver les mots

pour te sauver,

pour nous sauver.

Le quatrième signe fut ta trahison, ***mon cher amour.***

J'ai appris, sans ta franchise, que tu m'avais trompée,

que ***tu avais choisi*** une autre que moi.

Par cet acte, tu as brisé notre confiance,

tu as ébranlé les fondements de notre amour.

La douleur a été si intense que j'ai cru

ne jamais m'en relever. Mais malgré tout,

je suis encore là, debout,

prête à témoigner de ***cette déchirure,***

pour que celles et ceux qui liront ces mots

ne commettent pas

les mêmes erreurs que moi.

Ô tristesse de ***l'amour brisé,***

ô douleur de la déchirure amoureuse,

comment vaincre ces maux ?

Comment retrouver la paix

après tant de tourments ?

Peut-être en écoutant les signes avant-coureurs

qui nous avertissent de ***l'implosion imminente***

de notre amour.

Peut-être en étant plus attentif,

plus à l'écoute, plus patient.

Peut-être en gardant espoir, en cultivant la résilience,

en ne ***justifiant*** pas la douleur qui nous détruit.

C'est mon souhait, c'est mon appel,

c'est **ma prière.**

Ma vision

Les signes avant-coureurs

Les signes avant-coureurs de la déchirure amoureuse sont souvent subtils, presque imperceptibles. Ce sont de petites fissures dans la carapace, des brèches dans la muraille que l'on a construite autour de soi pour se protéger.

Pour moi, les signes ont commencé par de petits gestes, des oublis, des silences. Mon partenaire de vie avait tendance à être distrait, à oublier des rendez-vous, à être absent dans son regard. Mais je ne m'en inquiétais pas outre mesure. Je me disais que c'était normal, que c'était le lot de toutes les relations. Je me disais que ça passerait.

Mais les signes se sont intensifiés. Les mots d'amour ont commencé à se faire plus rares, les caresses moins tendres. Les disputes ont éclaté, les reproches se sont invités, les mains se sont levées. Et je me suis mis à douter, à me poser des questions, à me demander si tout cela avait un sens.

Je crois que c'est là que commence la déchirure amoureuse : dans le doute, dans la peur de perdre l'autre et de ne pas comprendre, dans la fragilité de l'équilibre que l'on a construit à deux. Et pourtant, on s'accroche, on lutte, on tente de sauver ce qui peut l'être.

Au fil des semaines, des mois, des années, j'ai continué à me raccrocher à des espoirs illusoires, à des faux-semblants. Je me disais que tout n'était qu'une mauvaise passe, qu'on finirait par s'en sortir, qu'on se retrouverait.

Mais les faux espoirs ne sont que des illusions. Ils nous empêchent de voir la réalité en face, de comprendre que la déchirure est inéluctable, que l'autre s'en va, qu'il est déjà parti, que tout est fini.

J'ai compris cela trop tard. J'ai compris que j'avais passé trop de temps à chercher des solutions, à imaginer des scénarios improbables, à me mentir à moi-même. J'ai compris que j'aurais dû écouter les signes, que j'aurais dû accepter la déchirure plus tôt, que j'aurais dû me résoudre à partir.

Thème 2

Les différentes étapes de la déchirure amoureuse

Le silence de ***l'amour perdu***

résonne comme un bruit sourd,

le vide ***envahit mon cœur,***

comme une nuit

sans étoiles.

Je cherche ***un sens*** à tout cela,
une raison pour continuer,
mais je suis ***perdu***
dans les méandres de cette douleur
insupportable.

Je pense à tous ***les moments*** heureux,
aux souvenirs que nous avons partagés,
mais cela ne fait
que me blesser davantage,
et je me retrouve ***seule,***
sans espoir.

La colère me submerge,

je veux ***hurler*** ma douleur,

mais personne ne peut entendre mes cris,

alors je reste *là*,

à souffrir ***en silence.***

La tristesse ***s'installe*** durablement,

chaque jour est ***un combat***,

pour ne pas succomber à la douleur,

et ***pour continuer*** d'avancer.

Mais au milieu de toute ***cette souffrance,***

je ***trouve une force*** inattendue,

celle de ce nouveau compagnon…

la résilience,

je sais que ***je vais guérir.***

Ma vision

Les différentes étapes

Tout commence avec la désillusion, ce moment où l'on réalise que tout est fini, que les promesses se sont envolées, et que l'amour n'est plus qu'un souvenir.

Le monde s'écroule autour de nous, et chaque jour est une lutte pour survivre, pour accepter cette réalité brutale, et pour apprendre à vivre sans toi.

La douleur est insupportable, elle envahit chaque partie de mon être, et me rappelle toujours que tu es parti, que tu as choisi une autre route.

Je pense à toi tout le temps, et chaque pensée est un coup de poignard, un rappel cruel de tout ce qui a été perdu, et de tout ce que je voulais que nous soyons.

La colère est un feu qui brûle en moi, une flamme qui ne s'éteint pas, et qui me pousse à te haïr, à t'en vouloir pour tout ce que tu m'as fait subir.

Je veux que tu souffres comme j'ai souffert, que tu ressentes la douleur que tu m'as fait subir, et que tu regrettes chaque instant où tu m'as blessé.

La résilience est un mot que j'ai appris, une qualité que j'ai acquise, en affrontant cette douleur incommensurable, et en apprenant à vivre sans toi et ce que tu m'as fait.

Je suis plus forte que je ne l'aurais imaginé, plus résistante que je ne l'ai jamais été, et je sais que je vais guérir, même si cela prend du temps.

La reconstruction est le dernier chapitre de cette histoire, celui où je me relève de mes cendres, et où je commence à vivre à nouveau.

Je ne suis plus la même personne qu'avant, mais je suis plus forte, plus sage, et je sais que je peux faire face à tout ce que la vie me réserve.

Je ne te souhaite pas de mal, je ne te veux plus de mal, je te laisse partir avec tout ce que tu as fait, et je commence une nouvelle vie, Ma nouvelle vie…sans toi.

Thème 3

La guérison et le renouveau

Dans les cœurs blessés
par les flèches de ***l'amour,***
la douleur est écrasante,
comme un fardeau ***trop lourd.***
Les souvenirs heureux
font place à la tristesse,
les rêves d'un avenir brillant
disparaissent ***sans cesse.***

Mais ***l'espoir*** ne meurt jamais,
même dans les temps sombres,
le temps guérit toutes ***les blessures*,**
même les plus profondes.
Les cicatrices ***restent*,**
mais elles témoignent de ***notre force*,**
de notre capacité à vaincre les épreuves
et à continuer notre course.

Le renouveau vient de la douleur,
car elle nous ***rend*** plus forts,
nous apprenons de nos erreurs
et nous devenons ***plus sages*** encore.
Les portes s'ouvrent sur de profonds horizons,
de nouvelles opportunités,
nous nous élevons vers de nouveaux sommets,
plus libres ***que jamais.***

La guérison ne vient pas ***toujours*** facilement,
il faut du temps,
il faut ***accepter*** la douleur,
l'embrasser, pour la laisser partir lentement.
Mais ***la patience*** et la persévérance
paient toujours,
nous découvrons en nous une nouvelle force,
un nouveau Soi
gorgé ***d'espoir.***

Dans ***ce voyage*** de la vie,
nous traversons de nombreux déserts,
mais dans les crevasses les plus profondes,
nous trouvons souvent notre propre univers.
Et avec le temps, la douleur est ***suppléée***
par la sagesse et la gratitude,
pour tout ce qui nous a été donné,
pour chaque instant
de plénitude.

La guérison est un processus fastidieux,
mais elle apporte ***la grâce*** d'une nouvelle vie,
une vie ***remplie*** de nouvelles promesses,
de nouveaux espoirs
et de nouvelles envies.
Le renouveau est toujours possible,
même après les moments les plus sombres,
car la vie est un voyage
qui se construit ***sur la durée***,
et qui nous rend plus forts
que les ombres.

Ma vision

La guérison et le renouveau

La guérison et le renouveau, deux états si précieux, que l'on ne peut obtenir qu'après avoir souffert.

Les cicatrices de nos blessures peuvent être profondes et dures, mais elles peuvent aussi nous rappeler les leçons apprises dans la douleur.

La guérison ne se produit pas du jour au lendemain, il faut du temps pour que nos cœurs se rétablissent, mais chaque jour qui passe nous rapproche de la lumière qui brillera à nouveau.

Le renouveau est le fruit de la guérison, un temps où l'on peut enfin tourner la page, laisser derrière soi la douleur et la souffrance, et s'ouvrir à de nouveaux horizons.

La vie peut être pleine d'embûches, mais la guérison et le renouveau sont possibles, avec le temps, la patience et la force de caractère, on peut renaître de nos cendres et s'envoler vers l'avenir.

Thème 4

L'amour de soi et la confiance en soi

Perdu,

je me cherchais ***sans répit***,

mon cœur en miettes,

brisé ***je cherchais*** en l'autre

mon reflet,

et ***mon âme*** en a

souffert.

Dans mes yeux,

une lueur de mon esprit

en proie à la détresse,

mais je savais ***au fond de moi***

que la guérison ***était là***.

L'amour de soi,

la clé du renouveau,

un voyage ***vers l'inconnu***,

mais je me suis promis

de l'explorer,

de me découvrir

peu à peu.

J'ai appris à m'aimer

comme ***je suis***,

à embrasser toutes mes nuances,

mes cicatrices,

mes défauts,

mes soucis,

sont devenus les marques

de pas ***de ma danse.***

La confiance ***en moi*** a germé,
comme ***une fleur*** dans le désert
j'ai appris à me faire ***confiance***,
à suivre mon propre chemin
sans crainte.

Les jours tristes
ont laissé place à ***la joie***,
à l'épanouissement,
je me suis ***libérée*** de mes peurs,
pour m'envoler ***vers***
de nouveaux horizons,
un ***nouvel amour.***

L'amour de soi
est ***un voyage*** sans fin,
mais chaque pas
en vaut la peine,
je sais ***désormais***
que je suis assez forte,
ma confiance en moi est sereine
et ***pleine d'espoir***.

Je ***souhaite*** à tous ceux

qui cherchent,

de trouver l'amour

en eux-mêmes,

car c'est le secret de l'épanouissement

qui permet ***véritablement***

de vivre ***une vie***

plus ***heureuse*** et sereine.

Ma vision

L'amour de soi et la confiance en soi

L'amour de soi, c'est s'aimer comme on est, aimer ses forces, ses faiblesses, ses succès et ses regrets. C'est se reconnaître comme un être unique, avec ses qualités et ses défauts, sans critique.

La confiance en soi, c'est croire en ses capacités, c'est avancer avec assurance sans avoir peur de l'avis d'autrui, car on sait qui on est vraiment. On ne se laisse pas abattre par les obstacles, on avance, doucement…mais sûrement.

Mais souvent, il est difficile d'aimer ce qu'on voit dans le miroir, on ne voit que nos défauts, on doute de nos capacités à réussir, à croire en soi, à s'épanouir.

Mais il faut se rappeler que chacun est unique, que c'est cette différence qui fait notre magnificence, il faut apprendre à s'accepter tel que l'on est, travailler sur soi, sans jamais être blasé.

Car l'amour de soi et la confiance en soi, sont des trésors qu'on peut acquérir à force de foi en nos capacités, en notre potentiel, et en notre disposition à nous aimer tel que nous sommes.

Alors soyons indulgents envers nous-mêmes, acceptons nos erreurs, nos faiblesses et nos dilemmes. Avançons fièrement, en sachant que nous sommes assez forts pour relever tous les défis qui se dressent devant nous, sans remords.

Thème 5

Les relations saines et l'apprentissage de l'amour

Dans ce monde

de tourment et d'incertitude,

où ***l'amour*** peut blesser

et laisser des blessures,

il y a ***une vérité***

que nous devons apprendre,

pour connaître l'amour

qui ***nous fera vivre.***

Les relations saines,

la clé de ***notre cœur***,

la voie qui ***nous mène*** à la paix

et ***au bonheur***.

Pour atteindre ce joyau précieux,

nous ***devons être*** prêts

à faire des choix

courageux.

Il faut savoir
se respecter
et ***accepter*** l'autre,
savoir écouter et être honnête
dans nos propositions,
ne pas ***avoir peur***
de dire la vérité,
même si elle peut
parfois blesser.

Apprendre à communiquer

avec ***amour***,

dans les moments ***difficiles***

comme ***dans*** les beaux jours,

et surtout,

ne jamais oublier

que nous sommes tous humains,

avec ***nos failles***

et nos qualités.

Il y aura des moments

où ***nous tomberons,***

des moments où

nous aurons besoin ***d'une main,***

mais si nous avons une base solide,

nous pourrons ***nous relever***

et continuer notre route

avec fierté.

Et même si ***parfois***

l'amour peut nous blesser,

nous devons continuer

à y ***croire*** et à espérer,

car c'est la clé qui ouvre

toutes les portes,

celle ***qui nous mènera***

vers une vie

plus forte.

Alors aimons-nous,
respectons-nous,
et n'oublions jamais
que ***nous sommes*** tous
des êtres ***en devenir***,
apprenons chaque jour
à nous aimer un peu plus,
et à construire des relations saines
qui nous ferons
grandir.

Ma vision

Les relations saines et l'apprentissage de l'amour

Amour, ce doux mot qui peut nous élever, mais aussi nous faire tomber et souffrir. Ces relations saines, comment les trouver ? Comment apprendre à aimer sans jamais en mourir ?

Il faut d'abord savoir s'aimer soi-même, ne jamais se perdre en chemin, car une relation ne peut être saine que si on sait ce que l'on veut de demain.

Il faut apprendre à donner sans compter, mais aussi savoir recevoir en retour, ne jamais se laisser dominer, pour garder sa liberté d'amour.

L'amour doit être un équilibre parfait entre donner et recevoir, sans cesser, et ne jamais oublier de respecter la personne qui partage notre tendresse.

L'amour sain, c'est un jardin à cultiver, où chaque fleur doit être chérie et entretenue, si parfois des épines nous blessent, nous ne devons pas fuir, mais continuer.

Apprendre à aimer, c'est aussi savoir pardonner, car l'erreur est humaine et peut arriver, et si on sait écouter et communiquer, on peut tout surmonter et ensemble avancer.

Les relations saines sont comme une symphonie, où chaque note doit être harmonieuse, où chaque partenaire doit être libre de s'exprimer et de vivre dans la paix amoureuse.

Alors aimons-nous avec sagesse et patience, en cultivant chaque jour notre amour vrai, et si jamais la tempête nous menace, sachons être forts pour tout vaincre.

Chose que tu n'as su faire…Mon Bien-Aimé.

Le mot de la fin

Dans un monde où tout est éphémère, l'amour est l'un des sentiments rares qui semblent avoir le pouvoir de durer pour toujours. C'est pourquoi il est si difficile de faire face à la douleur de la déchirure amoureuse, lorsque ce qui semblait être pour l'éternité se transforme en une douleur insupportable.

Le cœur éclate en mille morceaux, comme si on avait tiré sur une corde tendue jusqu'à la rupture. Les souvenirs, les moments partagés, les promesses non tenues, tout cela se mélange dans un tourbillon de chagrin qui semble ne jamais vouloir s'arrêter.

La tristesse s'empare de chaque fibre de notre être, nous implémentant de vide et sans direction. Nous nous demandons comment nous allons continuer, comment nous allons vaincre cette douleur lancinante qui nous envahit.

C'est à ce moment-là que nous devrons réaliser que nous allons traverser plusieurs étapes pour guérir de cette blessure. Et même si cela peut sembler insurmontable, il y a de l'espoir pour celles et ceux qui sont prêts à faire face à la douleur et à trouver la force de continuer.

Lettre à moi-même

Une lettre que je me suis écrite, qui pourra j'en suis sûr, vous donner résonnance

Ma très chère amie,

Ta force et ta résilience ont été mises à rude épreuve, mais tu t'es relevée avec courage, sans jamais baisser les yeux. Tu as affronté tes peurs et tes doutes, sans jamais perdre espoir, et tu as trouvé la force de te relever pour avancer plus fort.

Cet homme qui t'a trompé, quitté et humilié, ne mérite pas que tu gaspilles une seule larme pour lui. Il a choisi de perdre la plus belle chose qu'il avait, et toi, tu as choisi de te libérer de ses chaînes, de t'aimer et de t'épanouir.

Sache que tu mérites le meilleur, l'amour vrai et sincère, celui qui te fera vibrer et t'apportera le bonheur que tu mérites. Tu es une femme forte et belle, prête à conquérir le monde, et rien ne pourra jamais te briser, car tu as la force en toi.

Aujourd'hui tu te relèves avec fierté, en laissant tout derrière toi, en sachant que tu es plus forte, plus belle, et plus libre que jamais auparavant. Alors continue sur ton chemin, avec confiance et détermination, car le monde est à toi, et tu es prête à tout affronter, avec courage et résilience.

Léa

MERCI

Si ce livre a éclairé votre chemin et vous a transmis une étincelle de valeur, je serais comblée de bonheur si vous le recommandiez à ceux qui vous entourent et qui pourraient en bénéficier. Votre soutien, après vous avoir partagé ces mots qui ont été pour moi un baume apaisant, est un trésor inestimable. Je vous souhaite le meilleur et je me réjouis à l'idée de vous voir fleurir et grandir dans le véritable amour ! Je crois en vous, et je sais qu'avec confiance et persévérance, vos rêves de tendresse et de bonheur deviendront réalité !

Je vous encourage également à partager votre ressentiment sur Amazon en laissant un avis, même bref, car cela m'est d'une grande aide. Je suis toujours à l'écoute des retours constructifs pour améliorer ce livre ou simplement pour savoir si vous l'avez aimé et s'il vous a été utile. Un simple commentaire, même de quelques mots, me touchera profondément. Pour cela, il vous suffit de scanner le code QR pour accéder directement à l'espace de commentaire Amazon du livre.

Je vous souhaite un océan de bonheur dans votre quête personnelle. N'oubliez jamais que chaque petit pas a son importance et que chaque jour est une occasion de devenir la meilleure version de vous-même, rayonnante de paix, de lumière…et d'amour.

Avec tout mon soutien,

Léa

Table des matières

UN LIVRE POUR SE RECONSTRUIRE

Ce livre est un outil pour vous aider à vous remettre en douceur de cette épreuve douloureuse qu'est la rupture amoureuse. À travers des questions, des exercices et des conseils éprouvés que j'ai utilisés moi-même et partagés avec d'autres, nous explorons ensemble le chemin vers la guérison. C'est un voyage qui demande du courage, de la patience et de l'amour-propre, et je serai là à chaque étape.

Ce livre est votre refuge, votre sanctuaire. Il sera le témoin de vos larmes, de vos rires, de vos réalisations et de votre croissance. Il ne vous jugera pas, ne vous pressera pas, il sera simplement là, vous guidant, vous éclairant. En vous lançant dans cette aventure, vous faites plus qu'ouvrir un livre ; vous ouvrez une porte vers une nouvelle version de vous-même. À bientôt. Léa !

Printed by Amazon Italia Logistica S.r.l.
Torrazza Piemonte (TO), Italy

50573133R00063